RAINER MARIA RILKE

# *Der ausgewählten Gedichte erster Teil*

---

IM INSEL VERLAG

## VERKÜNDIGUNG
*Die Worte des Engels*

Du bist nicht näher an Gott als wir;
wir sind ihm alle weit.
Aber wunderbar sind dir
die Hände benedeit.
So reifen sie bei keiner Frau,
so schimmernd aus dem Saum:
ich bin der Tag, ich bin der Tau,
du aber bist der Baum.

Ich bin jetzt matt, mein Weg war weit,
vergib mir, ich vergaß,
was Er, der groß in Goldgeschmeid
wie in der Sonne saß,
dir künden ließ, du Sinnende,
(verwirrt hat mich der Raum).
Sieh: ich bin das Beginnende,
du aber bist der Baum.

Ich spannte meine Schwingen aus
und wurde seltsam weit;
jetzt überfließt dein kleines Haus
von meinem großen Kleid.
Und dennoch bist du so allein
wie nie und schaust mich kaum;
das macht: ich bin ein Hauch im Hain,
du aber bist der Baum.

Die Engel alle bangen so,
lassen einander los:
noch nie war das Verlangen so,
so ungewiß und groß.
Vielleicht, daß Etwas bald geschieht,
das du im Traum begreifst.
Gegrüßt sei, meine Seele sieht:
du bist bereit und reifst.
Du bist ein großes, hohes Tor,
und aufgehn wirst du bald.
Du, meines Liedes liebstes Ohr,
jetzt fühle ich: mein Wort verlor
sich in dir wie im Wald.

So kam ich und vollendete
dir tausendeinen Traum.
Gott sah mich an: er blendete...

Du aber bist der Baum.

Stimme im Dornbusch. Streife, wem sie gilt,
die Schuhe ab und krümme sich und schlage
den ganzen Mantel vors Gesicht und sage
in seinen Mantel: Herr, ich bin gewillt.

Auch wer das nicht begreift, was ihn beruft,
der sei bereit. Es wird ihm in das grade
ungangbare Geheiß aus voller Gnade
ein schmaler Pfad hineingestuft.

Maria schritt, es schritten Kinder so
dem Anruf nach, und Mädchen traten leise
ans Unerkannte aus der Kammertür.

Der Held ertrotzt es sich auf seine Weise,
doch andre folgen nur und gehen froh,
als gingen sie durch Lüfte, durch Porphyr.

## DAVID SINGT VOR SAUL

### I

König, hörst du, wie mein Saitenspiel
Fernen wirft, durch die wir uns bewegen:
Sterne treiben uns verwirrt entgegen,
und wir fallen endlich wie ein Regen,
und es blüht, wo dieser Regen fiel.

Mädchen blühen, die du noch erkannt,
die jetzt Frauen sind und mich verführen;
den Geruch der Jungfraun kannst du spüren,
und die Knaben stehen, angespannt
schlank und atmend, an verschwiegnen Türen.

Daß mein Klang dir alles wiederbrächte.
Aber trunken taumelt mein Getön:
Deine Nächte, König, deine Nächte –,
und wie waren, die dein Schaffen schwächte,
o wie waren alle Leiber schön.

Dein Erinnern glaub ich zu begleiten,
weil ich ahne. Doch auf welchen Saiten
greif ich dir ihr dunkles Lustgestöhn? –

II

König, der du alles dieses hattest
und der du mit lauter Leben mich
überwältigest und überschattest:
komm aus deinem Throne und zerbrich
meine Harfe, die du so ermattest.

Sie ist wie ein abgenommner Baum:
durch die Zweige, die dir Frucht getragen,
schaut jetzt eine Tiefe wie von Tagen,
welche kommen –, und ich kenn sie kaum.

Laß mich nicht mehr bei der Harfe schlafen;
sieh dir diese Knabenhand da an:
glaubst du, König, daß sie die Oktaven
eines Leibes noch nicht greifen kann?

III

König, birgst du dich in Finsternissen,
und ich hab dich doch in der Gewalt.
Sieh, mein festes Lied ist nicht gerissen,
und der Raum wird um uns beide kalt.
Mein verwaistes Herz und dein verwornes
hängen in den Wolken deines Zornes,
wütend ineinander eingebissen
und zu einem einzigen verkrallt.

Fühlst du jetzt, wie wir uns umgestalten?
König, König, das Gewicht wird Geist.
Wenn wir uns nur aneinander halten,
du am Jungen, König, ich am Alten,
sind wir fast wie ein Gestirn, das kreist.

## DIE HEILIGEN DREI KÖNIGE

*Legende*

Einst als am Saum der Wüsten sich
auftat die Hand des Herrn
wie eine Frucht, die sommerlich
verkündet ihren Kern,
da war ein Wunder: Fern
erkannten und begrüßten sich
drei Könige und ein Stern.

Drei Könige von Unterwegs
und der Stern Überall,
die zogen alle (überlegs!)
so rechts ein Rex und links ein Rex
zu einem stillen Stall.

Was brachten die nicht alles mit
zum Stall von Bethlehem!
Weithin erklirrte jeder Schritt,
und der auf einem Rappen ritt,
saß samten und bequem.
Und der zu seiner Rechten ging,
der war ein goldner Mann,
und der zu seiner Linken fing
mit Schwung und Schwing
und Klang und Kling
aus einem runden Silberding,
das wiegend und in Ringen hing,
ganz blau zu rauchen an.

Da lachte der Stern Überall
so seltsam über sie
und lief voraus und stand am Stall
und sagte zu Marie:

Da bring ich eine Wanderschaft
aus vieler Fremde her.
Drei Könige mit *magenkraft*,
von Gold und Topas schwer
und dunkel, tumb und heidenhaft, –
erschrick mir nicht zu sehr.
Sie haben alle drei zuhaus
zwölf Töchter, keinen Sohn,
so bitten sie sich deinen aus
als Sonne ihres Himmelblaus
und Trost für ihren Thron.
Doch mußt du nicht gleich glauben: bloß
ein Funkelfürst und Heidenscheich
sei deines Sohnes Los.
Bedenk, der Weg ist groß.
Sie wandern lange, Hirten gleich,
inzwischen fällt ihr reifes Reich
weiß Gott wem in den Schoß.
Und während hier, wie Westwind warm,
der Ochs ihr Ohr umschnaubt,
sind sie vielleicht schon alle arm
und so wie ohne Haupt.
Drum mach mit deinem Lächeln licht
die Wirrnis, die sie sind,

und wende du dein Angesicht
nach Aufgang und dein Kind;
dort liegt in blauen Linien,
was jeder dir verließ:
Smaragda und Rubinien
und die Tale von Türkis.

## MENSCHEN BEI NACHT

Die Nächte sind nicht für die Menge gemacht.
Von deinem Nachbar trennt dich die Nacht,
und du sollst ihn nicht suchen trotzdem.
Und machst du nachts deine Stube licht,
um Menschen zu schauen ins Angesicht,
so mußt du bedenken: wem.

Die Menschen sind furchtbar vom Licht entstellt,
das von ihren Gesichtern träuft,
und haben sie nachts sich zusammengesellt,
so schaust du eine wankende Welt
durcheinandergehäuft.
Auf ihren Stirnen hat gelber Schein
alle Gedanken verdrängt,
in ihren Blicken flackert der Wein,
an ihren Händen hängt
die schwere Gebärde, mit der sie sich
bei ihren Gesprächen verstehn;
und dabei sagen sie: *Ich* und *Ich*
und meinen: Irgendwen.

## KINDHEIT

DA rinnt der Schule lange Angst und Zeit
mit Warten hin, mit lauter dumpfen Dingen.
O Einsamkeit, o schweres Zeitverbringen...
Und dann hinaus: die Straßen sprühn und klingen,
und auf den Plätzen die Fontänen springen
und in den Gärten wird die Welt so weit –.
Und durch das alles gehn im kleinen Kleid,
ganz anders als die andern gehn und gingen –:
O wunderliche Zeit, o Zeitverbringen,
o Einsamkeit.

Und in das alles fern hinauszuschauen:
Männer und Frauen; Männer, Männer, Frauen
und Kinder, welche anders sind und bunt;
und da ein Haus und dann und wann ein Hund
und Schrecken lautlos wechselnd mit Vertrauen –:
O Trauer ohne Sinn, o Traum, o Grauen,
o Tiefe ohne Grund.

Und so zu spielen: Ball und Ring und Reifen
in einem Garten, welcher sanft verblaßt,
und manchmal die Erwachsenen zu streifen,
blind und verwildert in des Haschens Hast,
aber am Abend still, mit kleinen steifen
Schritten nach Haus zu gehn, fest angefaßt –:
O immer mehr entweichendes Begreifen,
o Angst, o Last.

Und stundenlang am großen grauen Teiche
mit einem kleinen Segelschiff zu knien;
es zu vergessen, weil noch andre, gleiche
und schönere Segel durch die Ringe ziehn,
und denken müssen an das kleine bleiche
Gesicht, das sinkend aus dem Teiche schien –:
O Kindheit, o entgleitende Vergleiche.
Wohin? Wohin?

## HERBSTTAG

HERR: es ist Zeit. Der Sommer war sehr groß.
Leg deinen Schatten auf die Sonnenuhren,
und auf den Fluren laß die Winde los.

Befiehl den letzten Früchten voll zu sein;
gib ihnen noch zwei südlichere Tage,
dränge sie zur Vollendung hin und jage
die letzte Süße in den schweren Wein.

Wer jetzt kein Haus hat, baut sich keines mehr.
Wer jetzt allein ist, wird es lange bleiben,
wird wachen, lesen, lange Briefe schreiben
und wird in den Alleen hin und her
unruhig wandern, wenn die Blätter treiben.

## DER FREMDE

Ohne Sorgfalt, was die Nächsten dächten,
die er müde nicht mehr fragen hieß,
ging er wieder fort; verlor, verließ –.
Denn er hing an solchen Reisenächten

anders als an jeder Liebesnacht.
Wunderbare hatte er durchwacht,
die mit starken Sternen überzogen
enge Fernen auseinanderbogen
und sich wandelten wie eine Schlacht;

andre, die mit in den Mond gestreuten
Dörfern, wie mit hingehaltnen Beuten,
sich ergaben, oder durch geschonte
Parke graue Edelsitze zeigten,
die er gerne in dem hingeneigten
Haupte einen Augenblick bewohnte,
tiefer wissend, daß man nirgends bleibt;
und schon sah er bei dem nächsten Biegen
wieder Wege, Brücken, Länder liegen
bis an Städte, die man übertreibt.

Und dies alles immer unbegehrend
hinzulassen, schien ihm mehr als seines
Lebens Lust, Besitz und Ruhm.
Doch auf fremden Plätzen war ihm eines
täglich ausgetretnen Brunnensteines
Mulde manchmal wie ein Eigentum.

## DAS ROSEN-INNERE

Wo ist zu diesem Innen
ein Außen? Auf welches Weh
legt man solches Linnen?
Welche Himmel spiegeln sich drinnen
in dem Binnensee
dieser offenen Rosen,
dieser sorglosen, sieh:
wie sie lose im Losen
liegen, als könnte nie
eine zitternde Hand sie verschütten.
Sie können sich selber kaum
halten; viele ließen
sich überfüllen und fließen
über von Innenraum
in die Tage, die immer
voller und voller sich schließen,
bis der ganze Sommer ein Zimmer
wird, ein Zimmer in einem Traum.

## SANKT GEORG

Und sie hatte ihn die ganze Nacht
angerufen, hingekniet, die schwache
wache Jungfrau: Siehe, dieser Drache,
und ich weiß es nicht, warum er wacht.

Und da brach er aus dem Morgengraun
auf dem Falben, strahlend Helm und Haubert,
und er sah sie, traurig und verzaubert
aus dem Knieen aufwärtsschaun

zu dem Glanze, der er war.
Und er sprengte glänzend längs der Länder
abwärts mit erhobnem Doppelhänder
in die offene Gefahr,

viel zu furchtbar, aber doch erfleht.
Und sie kniete knieender, die Hände
fester faltend, daß er sie bestände;
denn sie wußte nicht, daß Der besteht,

den ihr Herz, ihr reines und bereites,
aus dem Licht des göttlichen Geleites
niederreißt. Zu Seiten seines Streites
stand, wie Türme stehen, ihr Gebet.

## DER AUSZUG DES VERLORENEN SOHNES

Nun fortzugehn von alledem Verworrnen,
das unser ist und uns doch nicht gehört,
das, wie das Wasser in den alten Bornen,
uns zitternd spiegelt und das Bild zerstört;
von allem diesen, das sich wie mit Dornen
noch einmal an uns anhängt – fortzugehn
und Das und Den,
die man schon nicht mehr sah
(so täglich waren sie und so gewöhnlich),
auf einmal anzuschauen: sanft, versöhnlich
und wie an einem Anfang und von nah;
und ahnend einzusehn, wie unpersönlich,
wie über alle hin das Leid geschah,
von dem die Kindheit voll war bis zum Rand –:
Und dann doch fortzugehen, Hand aus Hand,
als ob man ein Geheiltes neu zerrisse,
und fortzugehn: wohin? Ins Ungewisse,
weit in ein unverwandtes warmes Land,
das hinter allem Handeln wie Kulisse
gleichgültig sein wird: Garten oder Wand;
und fortzugehn: warum? Aus Drang, aus Artung,
aus Ungeduld, aus dunkeler Erwartung,
aus Unverständlichkeit und Unverstand:
Dies alles auf sich nehmen und vergebens
vielleicht Gehaltnes fallen lassen, um
allein zu sterben, wissend nicht warum –
Ist das der Eingang eines neuen Lebens?

## DER ÖLBAUM-GARTEN

Er ging hinauf unter dem grauen Laub
ganz grau und aufgelöst im Ölgelände
und legte seine Stirne voller Staub
tief in das Staubigsein der heißen Hände.

Nach allem dies. Und dieses war der Schluß.
Jetzt soll ich gehen, während ich erblinde,
und warum willst Du, daß ich sagen muß
Du seist, wenn ich Dich selber nicht mehr finde.

Ich finde Dich nicht mehr. Nicht in mir, nein.
Nicht in den andern. Nicht in diesem Stein.
Ich finde Dich nicht mehr. Ich bin allein.

Ich bin allein mit aller Menschen Gram,
den ich durch Dich zu lindern unternahm,
der Du nicht bist. O namenlose Scham …

Später erzählte man: ein Engel kam –.

Warum ein Engel? Ach es kam die Nacht
und blätterte gleichgültig in den Bäumen.
Die Jünger rührten sich in ihren Träumen.
Warum ein Engel? Ach es kam die Nacht.

Die Nacht, die kam, war keine ungemeine;
so gehen Hunderte vorbei.
Da schlafen Hunde und da liegen Steine.

Ach eine traurige, ach irgendeine,
die wartet, bis es wieder Morgen sei.

Denn Engel kommen nicht zu solchen Betern,
und Nächte werden nicht um solche groß.
Die Sich-Verlierenden läßt alles los,
und sie sind preisgegeben von den Vätern
und ausgeschlossen aus der Mütter Schoß.

## PIETÀ

So seh ich, Jesus, deine Füße wieder,
die damals eines Jünglings Füße waren,
da ich sie bang entkleidete und wusch;
wie standen sie verwirrt in meinen Haaren
und wie ein weißes Wild im Dornenbusch.

So seh ich deine niegeliebten Glieder
zum erstenmal in dieser Liebesnacht.
Wir legten uns noch nie zusammen nieder,
und nun wird nur bewundert und gewacht.

Doch, siehe, deine Hände sind zerrissen –:
Geliebter, nicht von mir, von meinen Bissen.
Dein Herz steht offen und man kann hinein:
das hätte dürfen nur mein Eingang sein.

Nun bist du müde, und dein müder Mund
hat keine Lust zu meinem wehen Munde –.
O Jesus, Jesus, wann war unsre Stunde?
Wie gehn wir beide wunderlich zugrund.

## CHRISTI HÖLLENFAHRT

ENDLICH verlitten, entging sein Wesen dem schrecklichen
Leibe der Leiden. Oben. Ließ ihn.
Und die Finsternis fürchtete sich allein
und warf an das Bleiche
Fledermäuse heran, – immer noch schwankt abends
in ihrem Flattern die Angst vor dem Anprall
an die erkaltete Qual. Dunkle ruhlose Luft
entmutigte sich an dem Leichnam; und in den starken
wachsamen Tieren der Nacht war Dumpfheit und Unlust.
Sein entlassener Geist gedachte vielleicht in der Landschaft
anzustehen, unhandelnd. Denn seiner Leidung Ereignis
war noch genug. Maßvoll
schien ihm der Dinge nächtliches Dastehn,
und wie ein trauriger Raum griff er darüber um sich.
Aber die Erde, vertrocknet im Durst seiner Wunden,
aber die Erde riß auf, und es rufte im Abgrund.
Er, Kenner der Martern, hörte die Hölle
herheulend, begehrend Bewußtsein
seiner vollendeten Not: daß über dem Ende der seinen
(unendlichen) ihre, währende Pein erschrecke, ahne.
Und er stürzte, der Geist, mit der völligen Schwere
seiner Erschöpfung herein: schritt als ein Eilender
durch das befremdete Nachschaun weidender Schatten,
hob zu Adam den Aufblick, eilig,
eilte hinab, schwand, schien und verging in dem Stürzen
wilderer Tiefen. Plötzlich (höher höher) über der Mitte
aufschäumender Schreie, auf dem langen
Turm seines Duldens trat er hervor: ohne Atem,
stand, ohne Geländer, Eigentümer der Schmerzen. Schwieg.

## GESANG DER FRAUEN AN DEN DICHTER

SIEH, wie sich alles auftut: so sind wir;
denn wir sind nichts als solche Seligkeit.
Was Blut und Dunkel war in einem Tier,
das wuchs in uns zur Seele an und schreit

als Seele weiter. Und es schreit nach dir.
Du freilich nimmst es nur in dein Gesicht
als sei es Landschaft: sanft und ohne Gier.
Und darum meinen wir, du bist es nicht,

nach dem es schreit. Und doch, bist du nicht der,
an den wir uns ganz ohne Rest verlören?
Und werden wir in irgend einem *mehr*?

Mit uns geht das Unendliche *vorbei*.
Du aber sei, du Mund, daß wir es hören,
du aber, du Uns-Sagender: du sei.

## GOTT IM MITTELALTER

Und sie hatten Ihn in sich erspart,
und sie wollten, daß er sei und richte,
und sie hängten schließlich wie Gewichte
(zu verhindern seine Himmelfahrt)

an ihn ihrer großen Kathedralen
Last und Masse. Und er sollte nur
über seine grenzenlosen Zahlen
zeigend kreisen und wie eine Uhr

Zeichen geben ihrem Tun und Tagwerk.
Aber plötzlich kam er ganz in Gang,
und die Leute der entsetzten Stadt

ließen ihn, vor seiner Stimme bang,
weitergehn mit ausgehängtem Schlagwerk
und entflohn vor seinem Zifferblatt.

## DAS EINHORN

Der Heilige hob das Haupt, und das Gebet
fiel wie ein Helm zurück von seinem Haupte:
denn lautlos nahte sich das niegeglaubte,
das weiße Tier, das wie eine geraubte
hilflose Hindin mit den Augen fleht.

Der Beine elfenbeinernes Gestell
bewegte sich in leichten Gleichgewichten,
ein weißer Glanz glitt selig durch das Fell,
und auf der Tierstirn, auf der stillen, lichten,
stand, wie ein Turm im Mond, das Horn so hell,
und jeder Schritt geschah, es aufzurichten.

Das Maul mit seinem rosagrauen Flaum
war leicht gerafft, so daß ein wenig Weiß
(weißer als alles) von den Zähnen glänzte;
die Nüstern nahmen auf und lechzten leis.
Doch seine Blicke, die kein Ding begrenzte,
warfen sich Bilder in den Raum
und schlossen einen blauen Sagenkreis.

## DER ENGEL

Mit einem Neigen seiner Stirne weist
er weit von sich was einschränkt und verpflichtet;
denn durch sein Herz geht riesig aufgerichtet
das ewig Kommende das kreist.

Die tiefen Himmel stehn ihm voll Gestalten,
und jede kann ihm rufen: komm, erkenn –.
Gib seinen leichten Händen nichts zu halten
aus deinem Lastenden. Sie kämen denn

bei Nacht zu dir, dich ringender zu prüfen,
und gingen wie Erzürnte durch das Haus
und griffen dich als ob sie dich erschüfen
und brächen dich aus deiner Form heraus.

## DER SCHWAN

DIESE Mühsal, durch noch Ungetanes
schwer und wie gebunden hinzugehn,
gleicht dem ungeschaffnen Gang des Schwanes.

Und das Sterben, dieses Nichtmehrfassen
jenes Grunds, auf dem wir täglich stehn,
seinem ängstlichen Sich-Niederlassen –:

in die Wasser, die ihn sanft empfangen
und die sich, wie glücklich und vergangen,
unter ihm zurückziehn, Flut um Flut;
während er unendlich still und sicher
immer mündiger und königlicher
und gelassener zu ziehn geruht.

## EIN FRAUENSCHICKSAL

So wie der König auf der Jagd ein Glas
ergreift, daraus zu trinken, irgendeines, –
und wie hernach der welcher es besaß
es fortstellt und verwahrt als wär es keines:

so hob vielleicht das Schicksal, durstig auch,
bisweilen Eine an den Mund und trank,
die dann ein kleines Leben, viel zu bang
sie zu zerbrechen, abseits vom Gebrauch

hinstellte in die ängstliche Vitrine,
in welcher seine Kostbarkeiten sind
(oder die Dinge, die für kostbar gelten).

Da stand sie fremd wie eine Fortgeliehne
und wurde einfach alt und wurde blind
und war nicht kostbar und war niemals selten.

## DIE ERWACHSENE

Das alles stand auf ihr und war die Welt
und stand auf ihr mit allem, Angst und Gnade,
wie Bäume stehen, wachsend und gerade,
ganz Bild und bildlos wie die Bundeslade
und feierlich, wie auf ein Volk gestellt.

Und sie ertrug es; trug bis obenhin
das Fliegende, Entfliehende, Entfernte,
das Ungeheuere, noch Unerlernte
gelassen wie die Wasserträgerin
den vollen Krug. Bis mitten unterm Spiel,
verwandelnd und auf andres vorbereitend,
der erste weiße Schleier, leise gleitend,
über das aufgetane Antlitz fiel

fast undurchsichtig und sich nie mehr hebend
und irgendwie auf alle Fragen ihr
nur eine Antwort vage wiedergebend:
In dir, du Kindgewesene, in dir.

## ABSCHIED

WIE hab ich das gefühlt, was Abschied heißt.
Wie weiß ichs noch: ein dunkles unverwundnes
grausames Etwas, das ein Schönverbundnes
noch einmal zeigt und hinhält und zerreißt.

Wie war ich ohne Wehr, dem zuzuschauen,
das, da es mich, mich rufend, gehen ließ,
zurückblieb, so als wärens alle Frauen
und dennoch klein und weiß und nichts als dies:

Ein Winken, schon nicht mehr auf mich bezogen,
ein leise Weiterwinkendes –, schon kaum
erklärbar mehr: vielleicht ein Pflaumenbaum,
von dem ein Kuckuck hastig abgeflogen.

## TODES-ERFAHRUNG

Wir wissen nichts von diesem Hingehn, das
nicht mit uns teilt. Wir haben keinen Grund,
Bewunderung und Liebe oder Haß
dem Tod zu zeigen, den ein Maskenmund

tragischer Klage wunderlich entstellt.
Noch ist die Welt voll Rollen, die wir spielen.
Solang wir sorgen, ob wir auch gefielen,
spielt auch der Tod, obwohl er nicht gefällt.

Doch als du gingst, da brach in diese Bühne
ein Streifen Wirklichkeit durch jenen Spalt
durch den du hingingst: Grün wirklicher Grüne,
wirklicher Sonnenschein, wirklicher Wald.

Wir spielen weiter. Bang und schwer Erlerntes
hersagend und Gebärden dann und wann
aufhebend; aber dein von uns entferntes,
aus unserm Stück entrücktes Dasein kann

uns manchmal überkommen, wie ein Wissen
von jener Wirklichkeit sich niedersenkend,
so daß wir eine Weile hingerissen
das Leben spielen, nicht an Beifall denkend.

## BLAUE HORTENSIE

So wie das letzte Grün in Farbentiegeln
sind diese Blätter, trocken, stumpf und rauh,
hinter den Blütendolden, die ein Blau
nicht auf sich tragen, nur von ferne spiegeln.

Sie spiegeln es verweint und ungenau,
als wollten sie es wiederum verlieren,
und wie in alten blauen Briefpapieren
ist Gelb in ihnen, Violett und Grau;

Verwaschnes wie an einer Kinderschürze,
Nichtmehrgetragnes, dem nichts mehr geschieht:
wie fühlt man eines kleinen Lebens Kürze.

Doch plötzlich scheint das Blau sich zu verneuen
in einer von den Dolden, und man sieht
ein rührend Blaues sich vor Grünem freuen.

## IM SAAL

Wie sind sie alle um uns, diese Herrn
in Kammerherrentrachten und Jabots,
wie eine Nacht um ihren Ordensstern
sich immer mehr verdunkelnd, rücksichtslos,
und diese Damen, zart, fragile, doch groß
von ihren Kleidern, eine Hand im Schoß,
klein wie ein Halsband für den Bologneser;
wie sind sie da um jeden: um den Leser,
um den Betrachter dieser Bibelots,
darunter manches ihnen noch gehört.

Sie lassen, voller Takt, uns ungestört
das Leben leben wie wir es begreifen
und wie sie's nicht verstehn. Sie wollten blühn,
und blühn ist schön sein; doch wir wollen reifen,
und das heißt dunkel sein und sich bemühn.

## LETZTER ABEND

Und Nacht und fernes Fahren; denn der Train
des ganzen Heeres zog am Park vorüber.
Er aber hob den Blick vom Clavecin
und spielte noch und sah zu ihr hinüber

beinah wie man in einen Spiegel schaut:
so sehr erfüllt von seinen jungen Zügen
und wissend, wie sie seine Trauer trügen,
schön und verführender bei jedem Laut.

Doch plötzlich wars, als ob sich das verwische:
sie stand wie mühsam in der Fensternische
und hielt des Herzens drängendes Geklopf.

Sein Spiel gab nach. Von draußen wehte Frische.
Und seltsam fremd stand auf dem Spiegeltische
der schwarze Tschako mit dem Totenkopf.

## SELBSTBILDNIS AUS DEM JAHRE 1906

Des alten lange adligen Geschlechtes
Feststehendes im Augenbogenbau.
Im Blicke noch der Kindheit Angst und Blau
und Demut da und dort, nicht eines Knechtes
doch eines Dienenden und einer Frau.
Der Mund als Mund gemacht, groß und genau,
nicht überredend, aber ein Gerechtes
Aussagendes. Die Stirne ohne Schlechtes
und gern im Schatten stiller Niederschau.

Das, als Zusammenhang, erst nur geahnt;
noch nie im Leiden oder im Gelingen
zusammgefaßt zu dauerndem Durchdringen,
doch so, als wäre mit zerstreuten Dingen
von fern ein Ernstes, Wirkliches geplant.

## DER LETZTE GRAF VON BREDERODE ENTZIEHT SICH TÜRKISCHER GEFANGENSCHAFT

Sie folgten furchtbar; ihren bunten Tod
von ferne nach ihm werfend, während er
verloren floh, nichts weiter als: bedroht.
Die Ferne seiner Väter schien nicht mehr

für ihn zu gelten; denn um so zu fliehn,
genügt ein Tier vor Jägern. Bis der Fluß
aufrauschte nah und blitzend. Ein Entschluß
hob ihn samt seiner Not und machte ihn

wieder zum Knaben fürstlichen Geblütes.
Ein Lächeln adeliger Frauen goß
noch einmal Süßigkeit in sein verfrühtes

vollendetes Gesicht. Er zwang sein Roß,
groß wie sein Herz zu gehn, sein blutdurchglühtes:
es trug ihn in den Strom wie in sein Schloß.

## DIE KURTISANE

VENEDIGS Sonne wird in meinem Haar
ein Gold bereiten: aller Alchemie
erlauchten Ausgang. Meine Brauen, die
den Brücken gleichen, siehst du sie

hinführen ob der lautlosen Gefahr
der Augen, die ein heimlicher Verkehr
an die Kanäle schließt, so daß das Meer
in ihnen steigt und fällt und wechselt. Wer

mich einmal sah, beneidet meinen Hund,
weil sich auf ihm oft in zerstreuter Pause
die Hand, die nie an keiner Glut verkohlt,

die unverwundbare, geschmückt, erholt –.
Und Knaben, Hoffnungen aus altem Hause,
gehn wie an Gift an meinem Mund zugrund.

## DAS KARUSSELL

*Jardin du Luxembourg*

Mit einem Dach und seinem Schatten dreht
sich eine kleine Weile der Bestand
von bunten Pferden, alle aus dem Land,
das lange zögert, eh es untergeht.
Zwar manche sind an Wagen angespannt,
doch alle haben Mut in ihren Mienen;
ein böser roter Löwe geht mit ihnen
und dann und wann ein weißer Elefant.

Sogar ein Hirsch ist da, ganz wie im Wald,
nur daß er einen Sattel trägt und drüber
ein kleines blaues Mädchen aufgeschnallt.

Und auf dem Löwen reitet weiß ein Junge
und hält sich mit der kleinen heißen Hand,
dieweil der Löwe Zähne zeigt und Zunge.

Und dann und wann ein weißer Elefant.

Und auf den Pferden kommen sie vorüber,
auch Mädchen, helle, diesem Pferdesprunge
fast schon entwachsen; mitten in dem Schwunge
schauen sie auf, irgendwohin, herüber –

Und dann und wann ein weißer Elefant.

Und das geht hin und eilt sich, daß es endet,
und kreist und dreht sich nur und hat kein Ziel.

Ein Rot, ein Grün, ein Grau vorbeigesendet,
ein kleines kaum begonnenes Profil –.
Und manchesmal ein Lächeln, hergewendet,
ein seliges, das blendet und verschwendet
an dieses atemlose blinde Spiel…

## DIE GAZELLE

*Gazella Dorcas*

VERZAUBERTE: wie kann der Einklang zweier
erwählter Worte je den Reim erreichen,
der in dir kommt und geht, wie auf ein Zeichen.
Aus deiner Stirne steigen Laub und Leier,

und alles Deine geht schon im Vergleich
durch Liebeslieder, deren Worte, weich
wie Rosenblätter, dem, der nicht mehr liest,
sich auf die Augen legen, die er schließt:

um dich zu sehen: hingetragen, als
wäre mit Sprüngen jeder Lauf geladen
und schösse nur nicht ab, solang der Hals

das Haupt ins Horchen hält: wie wenn beim Baden
im Wald die Badende sich unterbricht:
den Waldsee im gewendeten Gesicht.

## DER STYLIT

VÖLKER schlugen über ihm zusammen,
die er küren durfte und verdammen;
und erratend, daß er sich verlor,
klomm er aus dem Volksgeruch mit klammen
Händen einen Säulenschaft empor,

der noch immer stieg und nichts mehr hob,
und begann, allein auf seiner Fläche,
ganz von vorne seine eigne Schwäche
zu vergleichen mit des Herren Lob;

und da war kein Ende: er verglich;
und der Andre wurde immer größer.
Und die Hirten, Ackerbauer, Flößer
sahn ihn klein und außer sich

immer mit dem ganzen Himmel reden,
eingeregnet manchmal, manchmal licht;
und sein Heulen stürzte sich auf jeden,
so als heulte er ihm ins Gesicht.
Doch er sah seit Jahren nicht,

wie der Menge Drängen und Verlauf
unten unaufhörlich sich ergänzte,
und das Blanke an den Fürsten glänzte
lange nicht so hoch hinauf.

Aber wenn er oben, fast verdammt

und von ihrem Widerstand zerschunden,
einsam mit verzweifeltem Geschreie
schüttelte die täglichen Dämonen:
fielen langsam auf die erste Reihe
schwer und ungeschickt aus seinen Wunden
große Würmer in die offnen Kronen
und vermehrten sich im Samt.

## EINE SIBYLLE

Einst, vor Zeiten, nannte man sie alt.
Doch sie blieb und kam dieselbe Straße
täglich. Und man änderte die Maße,
und man zählte sie wie einen Wald

nach Jahrhunderten. Sie aber stand
jeden Abend auf derselben Stelle,
schwarz wie eine alte Zitadelle
hoch und hohl und ausgebrannt;

von den Worten, die sich unbewacht
wider ihren Willen in ihr mehrten,
immerfort umschrieen und umflogen,
während die schon wieder heimgekehrten
dunkel unter ihren Augenbogen
saßen, fertig für die Nacht.

## EIN PROPHET

Ausgedehnt von riesigen Gesichten,
hell vom Feuerschein aus dem Verlauf
der Gerichte, die ihn nie vernichten, –
sind die Augen, schauend unter dichten
Brauen. Und in seinem Innern richten
sich schon wieder Worte auf,

nicht die seinen (denn was wären seine
und wie schonend wären sie vertan),
andre, harte: Eisenstücke, Steine,
die er schmelzen muß wie ein Vulkan,

um sie in dem Ausbruch seines Mundes
auszuwerfen, welcher flucht und flucht;
während seine Stirne, wie des Hundes
Stirne, *das* zu tragen sucht,

was der Herr von seiner Stirne nimmt:
Dieser, Dieser, den sie alle fänden,
folgten sie den großen Zeigehänden,
die Ihn weisen wie Er ist: ergrimmt.

## SAMUELS ERSCHEINUNG VOR SAUL

Da schrie die Frau zu Endor auf: Ich sehe –
Der König packte sie am Arme: Wen?
Und da die Starrende beschrieb, noch ehe,
da war ihm schon, er hätte selbst gesehn:

Den, dessen Stimme ihn noch einmal traf:
Was störst du mich? Ich habe Schlaf.
Willst du, weil dir die Himmel fluchen
und weil der Herr sich vor dir schloß und schwieg,
in meinem Mund nach einem Siege suchen?
Soll ich dir meine Zähne einzeln sagen?
Ich habe nichts als sie... Es schwand. Da schrie
das Weib, die Hände vors Gesicht geschlagen,
als ob sie's sehen müßte: Unterlieg –

Und er, der in der Zeit, die ihm gelang,
das Volk wie ein Feldzeichen überragte,
fiel hin, bevor er noch zu klagen wagte:
so sicher war sein Untergang.

Die aber, die ihn wider Willen schlug,
hoffte, daß er sich faßte und vergäße;
und als sie hörte, daß er nie mehr äße,
ging sie hinaus und schlachtete und buk

und brachte ihn dazu, daß er sich setzte;
er saß wie einer, der zu viel vergißt:
alles was war, bis auf das Eine, Letzte.
Dann aß er wie ein Knecht zu Abend ißt.

## DER TOD DER GELIEBTEN

Er wußte nur vom Tod was alle wissen:
daß er uns nimmt und in das Stumme stößt.
Als aber sie, nicht von ihm fortgerissen,
nein, leis aus seinen Augen ausgelöst,

hinüberglitt zu unbekannten Schatten,
und als er fühlte, daß sie drüben nun
wie einen Mond ihr Mädchenlächeln hatten
und ihre Weise wohlzutun:

da wurden ihm die Toten so bekannt,
als wäre er durch sie mit einem jeden
ganz nah verwandt; er ließ die andern reden

und glaubte nicht und nannte jenes Land
das gutgelegene, das immersüße –.
Und tastete es ab für ihre Füße.

## STIMME EINES ARMEN

*An der Hand des Engels*

Mitte im Gerichte,
Vater, ich verzichte:
Was ich seh, erreicht
nicht, was ich immer wußte:
die rauschende Herrlichkeit
aller meiner Verluste.
Weißt du denn, wie weit
meine Gefühle waren,
wenn ich in deinen klaren
irdischen Nächten stumm
saß vor dem Nachtasyle?
Hunde gingen herum
um meine großen Gefühle.
Meines Herzens Vermögen
nahm unendlich zu
unter den Brückenbögen.
Und der Schnee im Schuh,
er zerging mir lind
wie die Tränen zergehen
einem getrösteten Kind.

## PONT DU CARROUSEL

Der blinde Mann, der auf der Brücke steht,
grau wie ein Markstein namenloser Reiche,
er ist vielleicht das Ding, das immer gleiche,
um das von fern die Sternenstunde geht,
und der Gestirne stiller Mittelpunkt.
Denn alles um ihn irrt und rinnt und prunkt.

Er ist der unbewegliche Gerechte,
in viele wirre Wege hingestellt;
der dunkle Eingang in die Unterwelt
bei einem oberflächlichen Geschlechte.

## DAME VOR DEM SPIEGEL

Wie in einem Schlaftrunk Spezerein
löst sie leise in dem flüssigklaren
Spiegel ihr ermüdetes Gebaren;
und sie tut ihr Lächeln ganz hinein.

Und sie wartet, daß die Flüssigkeit
davon steigt; dann gießt sie ihre Haare
in den Spiegel und, die wunderbare
Schulter hebend aus dem Abendkleid,

trinkt sie still aus ihrem Bild. Sie trinkt,
was ein Liebender im Taumel tränke,
prüfend, voller Mißtraun; und sie winkt

erst der Zofe, wenn sie auf dem Grunde
ihres Spiegels Lichter findet, Schränke
und das Trübe einer späten Stunde.

## LIED VOM MEER

*Capri, Piccola Marina*

Uraltes Wehn vom Meer,
Meerwind bei Nacht:
  du kommst zu keinem her;
wenn einer wacht,
so muß er sehn, wie er
dich übersteht:
  uraltes Wehn vom Meer,
welches weht
nur wie für Ur-Gestein,
lauter Raum
reißend von weit herein…

O wie fühlt dich ein
treibender Feigenbaum
oben im Mondschein.

## PAPAGEIEN-PARK

*Paris, Jardin des Plantes*

Unter türkischen Linden, die blühen, an Rasenrändern,
in leise von ihrem Heimweh geschaukelten Ständern
atmen die Ara und wissen von ihren Ländern,
die sich, auch wenn sie nicht hinsehn, nicht verändern.

Fremd im beschäftigten Grünen wie eine Parade,
zieren sie sich und fühlen sich selber zu schade,
und mit den kostbaren Schnäbeln aus Jaspis und Jade
kauen sie Graues, verschleudern es, finden es fade.

Unten klauben die duffen Tauben, was sie nicht mögen,
während sich oben die höhnischen Vögel verbeugen
zwischen den beiden fast leeren vergeudeten Trögen.

Aber dann wiegen sie wieder und schläfern und äugen,
spielen mit dunkelen Zungen, die gerne lögen,
zerstreut an den Fußfesselringen. Warten auf Zeugen.

## BILDNIS

DASS von dem verzichtenden Gesichte
keiner ihrer großen Schmerzen fiele,
trägt sie langsam durch die Trauerspiele
ihrer Züge schönen welken Strauß,
wild gebunden und schon beinah lose;
manchmal fällt, wie eine Tuberose,
ein verlornes Lächeln müd heraus.

Und sie geht gelassen drüber hin,
müde, mit den schönen blinden Händen,
welche wissen, daß sie es nicht fänden, –

und sie sagt Erdichtetes, darin
Schicksal schwankt, gewolltes, irgendeines,
und sie gibt ihm ihrer Seele Sinn,
daß es ausbricht wie ein Ungemeines:
wie das Schreien eines Steines –

und sie läßt, mit hochgehobnem Kinn,
alle diese Worte wieder fallen,
*ohne* bleibend; denn nicht eins von allen
ist der wehen Wirklichkeit gemäß,
ihrem einzigen Eigentum,
das sie, wie ein fußloses Gefäß,
halten muß, hoch über ihren Ruhm
und den Gang der Abende hinaus.

## DIE FLAMINGOS

*Paris, Jardin des Plantes*

In Spiegelbildern wie von Fragonard
ist doch von ihrem Weiß und ihrer Röte
nicht mehr gegeben, als dir einer böte,
wenn er von seiner Freundin sagt: sie war

noch sanft von Schlaf. Denn steigen sie ins Grüne
und stehn, auf rosa Stielen leicht gedreht,
beisammen, blühend, wie in einem Beet,
verführen sie, verführender als Phryne

sich selber; bis sie ihres Auges Bleiche
hinhalsend bergen in der eignen Weiche,
in welcher Schwarz und Fruchtrot sich versteckt.

Auf einmal kreischt ein Neid durch die Volière;
sie aber haben sich erstaunt gestreckt
und schreiten einzeln ins Imaginäre.

## DIE ENTFÜHRUNG

Oft war sie als Kind ihren Dienerinnen
entwichen, um die Nacht und den Wind
(weil sie drinnen so anders sind)
draußen zu sehn an ihrem Beginnen;

doch keine Sturmnacht hatte gewiß
den riesigen Park so in Stücke gerissen,
wie ihn jetzt ihr Gewissen zerriß,

da er sie nahm von der seidenen Leiter
und sie weitertrug, weiter, weiter . . . :

bis der Wagen alles war.

Und sie roch ihn, den schwarzen Wagen,
um den verhalten das Jagen stand
und die Gefahr.
Und sie fand ihn mit Kaltem ausgeschlagen;
und das Schwarze und Kalte war auch in ihr.
Sie kroch in ihren Mantelkragen
und befühlte ihr Haar, als bliebe es hier,
und hörte fremd einen Fremden sagen:
Ichbinbeidir.

## ORPHEUS. EURYDIKE. HERMES

Das war der Seelen wunderliches Bergwerk.
Wie stille Silbererze gingen sie
als Adern durch sein Dunkel. Zwischen Wurzeln
entsprang das Blut, das fortgeht zu den Menschen,
und schwer wie Porphyr sah es aus im Dunkel.
Sonst war nichts Rotes.

Felsen waren da
und wesenlose Wälder. Brücken über Leeres
und jener große graue blinde Teich,
der über seinem fernen Grunde hing
wie Regenhimmel über einer Landschaft.
Und zwischen Wiesen, sanft und voller Langmut,
erschien des einen Weges blasser Streifen,
wie eine lange Bleiche hingelegt.

Und dieses einen Weges kamen sie.

Voran der schlanke Mann im blauen Mantel,
der stumm und ungeduldig vor sich aussah.
Ohne zu kauen fraß sein Schritt den Weg
in großen Bissen; seine Hände hingen
schwer und verschlossen aus dem Fall der Falten
und wußten nicht mehr von der leichten Leier,
die in die Linke eingewachsen war
wie Rosenranken in den Ast des Ölbaums.
Und seine Sinne waren wie entzweit:
indes der Blick ihm wie ein Hund vorauslief,

umkehrte, kam und immer wieder weit
und wartend an der nächsten Wendung stand, –
blieb sein Gehör wie ein Geruch zurück.
Manchmal erschien es ihm als reichte es
bis an das Gehen jener beiden andern,
die folgen sollten diesen ganzen Aufstieg.
Dann wieder wars nur seines Steigens Nachklang
und seines Mantels Wind was hinter ihm war.
Er aber sagte sich, sie kämen doch;
sagte es laut und hörte sich verhallen.
Sie kämen doch, nur wärens zwei
die furchtbar leise gingen. Dürfte er
sich einmal wenden (wäre das Zurückschaun
nicht die Zersetzung dieses ganzen Werkes,
das erst vollbracht wird), müßte er sie sehen,
die beiden Leisen, die ihm schweigend nachgehn:

Den Gott des Ganges und der weiten Botschaft,
die Reisehaube über hellen Augen,
den schlanken Stab hertragend vor dem Leibe
und flügelschlagend an den Fußgelenken;
und seiner linken Hand gegeben: *sie.*

Die So-geliebte, daß aus einer Leier
mehr Klage kam als je aus Klagefrauen;
daß eine Welt aus Klage ward, in der
alles noch einmal da war: Wald und Tal
und Weg und Ortschaft, Feld und Fluß und Tier;
und daß um diese Klage-Welt, ganz so
wie um die andre Erde, eine Sonne

und ein gestirnter stiller Himmel ging,
ein Klage-Himmel mit entstellten Sternen –:
diese So-geliebte.

Sie aber ging an jenes Gottes Hand,
den Schritt beschränkt von langen Leichenbändern,
unsicher, sanft und ohne Ungeduld.
Sie war in sich, wie Eine hoher Hoffnung,
und dachte nicht des Mannes, der voranging,
und nicht des Weges, der ins Leben aufstieg.
Sie war in sich. Und ihr Gestorbensein
erfüllte sie wie Fülle.
Wie eine Frucht von Süßigkeit und Dunkel,
so war sie voll von ihrem großen Tode,
der also neu war, daß sie nichts begriff.

Sie war in einem neuen Mädchentum
und unberührbar; ihr Geschlecht war zu
wie eine junge Blume gegen Abend,
und ihre Hände waren der Vermählung
so sehr entwöhnt, daß selbst des leichten Gottes
unendlich leise, leitende Berührung
sie kränkte wie zu sehr Vertraulichkeit.

Sie war schon nicht mehr diese blonde Frau,
die in des Dichters Liedern manchmal anklang,
nicht mehr des breiten Bettes Duft und Eiland
und jenes Mannes Eigentum nicht mehr.

Sie war schon aufgelöst wie langes Haar
und hingegeben wie gefallner Regen
und ausgeteilt wie hundertfacher Vorrat.

Sie war schon Wurzel.

Und als plötzlich jäh
der Gott sie anhielt und mit Schmerz im Ausruf
die Worte sprach: Er hat sich umgewendet –,
begriff sie nichts und sagte leise: *Wer?*

Fern aber, dunkel vor dem klaren Ausgang,
stand irgend jemand, dessen Angesicht
nicht zu erkennen war. Er stand und sah,
wie auf dem Streifen eines Wiesenpfades
mit trauervollem Blick der Gott der Botschaft
sich schweigend wandte, der Gestalt zu folgen,
die schon zurückging dieses selben Weges,
den Schritt beschränkt von langen Leichenbändern,
unsicher, sanft und ohne Ungeduld.

## ARCHAÏSCHER TORSO APOLLOS

Wir kannten nicht sein unerhörtes Haupt,
darin die Augenäpfel reiften. Aber
sein Torso glüht noch wie ein Kandelaber,
in dem sein Schauen, nur zurückgeschraubt,

sich hält und glänzt. Sonst könnte nicht der Bug
der Brust dich blenden, und im leisen Drehen
der Lenden könnte nicht ein Lächeln gehen
zu jener Mitte, die die Zeugung trug.

Sonst stünde dieser Stein entstellt und kurz
unter der Schultern durchsichtigem Sturz
und flimmerte nicht so wie Raubtierfelle;

und bräche nicht aus allen seinen Rändern
aus wie ein Stern: denn da ist keine Stelle,
die dich nicht sieht. Du mußt dein Leben ändern.

## LIEBES-LIED

Wie soll ich meine Seele halten, daß
sie nicht an deine rührt? Wie soll ich sie
hinheben über dich zu andern Dingen?
Ach gerne möcht ich sie bei irgendwas
Verlorenem im Dunkel unterbringen
an einer fremden stillen Stelle, die
nicht weiterschwingt, wenn deine Tiefen schwingen.
Doch alles, was uns anrührt, dich und mich,
nimmt uns zusammen wie ein Bogenstrich,
der aus zwei Saiten *eine* Stimme zieht.
Auf welches Instrument sind wir gespannt?
Und welcher Geiger hat uns in der Hand?
O süßes Lied.

## DER TOD DES DICHTERS

Er lag. Sein aufgestelltes Antlitz war
bleich und verweigernd in den steilen Kissen,
seitdem die Welt und dieses Von-ihr-Wissen,
von seinen Sinnen abgerissen,
zurückfiel an das teilnahmslose Jahr.

Die, so ihn leben sahen, wußten nicht,
wie sehr er Eines war mit allem diesen;
denn Dieses: diese Tiefen, diese Wiesen
und diese Wasser *waren* sein Gesicht.

O sein Gesicht war diese ganze Weite,
die jetzt noch zu ihm will und um ihn wirbt;
und seine Maske, die nun bang verstirbt,
ist zart und offen wie die Innenseite
von einer Frucht, die an der Luft verdirbt.

## EINE WELKE

Leicht, wie nach ihrem Tode
trägt sie die Handschuh, das Tuch.
Ein Duft aus ihrer Kommode
verdrängte den lieben Geruch,

an dem sie sich früher erkannte.
Jetzt fragte sie lange nicht, wer
sie sei (: eine ferne Verwandte),
und geht in Gedanken umher

und sorgt für ein ängstliches Zimmer,
das sie ordnet und schont,
weil es vielleicht noch immer
dasselbe Mädchen bewohnt.

## DER EINSAME

NEIN: ein Turm soll sein aus meinem Herzen
und ich selbst an seinen Rand gestellt:
wo sonst nichts mehr ist, noch einmal Schmerzen
und Unsäglichkeit, noch einmal Welt.

Noch ein Ding allein im Übergroßen,
welches dunkel wird und wieder licht,
noch ein letztes, sehnendes Gesicht
in das Nie-zu-Stillende verstoßen,

noch ein äußerstes Gesicht aus Stein,
willig seinen inneren Gewichten,
das die Weiten, die es still vernichten,
zwingen, immer seliger zu sein.

## LEDA

Als ihn der Gott in seiner Not betrat,
erschrak er fast, den Schwan so schön zu finden;
er ließ sich ganz verwirrt in ihm verschwinden.
Schon aber trug ihn sein Betrug zur Tat,

bevor er noch des unerprobten Seins
Gefühle prüfte. Und die Aufgetane
erkannte schon den Kommenden im Schwane
und wußte schon: er bat um Eins,

das sie, verwirrt in ihrem Widerstand,
nicht mehr verbergen konnte. Er kam nieder
und halsend durch die immer schwächre Hand

ließ sich der Gott in die Geliebte los.
Dann erst empfand er glücklich sein Gefieder
und wurde wirklich Schwan in ihrem Schoß.

## AUS EINER KINDHEIT

Das Dunkeln war wie Reichtum in dem Raume,
darin der Knabe, sehr verheimlicht, saß.
Und als die Mutter eintrat wie im Traume,
erzitterte im stillen Schrank ein Glas.
Sie fühlte, wie das Zimmer sie verriet,
und küßte ihren Knaben: Bist du hier?...
Dann schauten beide bang nach dem Klavier,
denn manchen Abend hatte sie ein Lied,
darin das Kind sich seltsam tief verfing.

Es saß sehr still. Sein großes Schauen hing
an ihrer Hand, die ganz gebeugt vom Ringe,
als ob sie schwer in Schneewehn ginge,
über die weißen Tasten ging.

## IST EIN SCHLOSS

Ist ein Schloß. Das vergehende
Wappen über dem Tor.
Wipfel wachsen wie flehende
Hände höher davor.

In das langsam versinkende
Fenster stieg eine blinkende
blaue Blume zur Schau.

Keine weinende Frau –
sie ist die letzte Winkende
in dem gebrochenen Bau.

## ESTHER

Die Dienerinnen kämmten sieben Tage
die Asche ihres Grams und ihrer Plage
Neige und Niederschlag aus ihrem Haar,
und trugen es und sonnten es im Freien
und speisten es mit reinen Spezereien
noch diesen Tag und den: dann aber war

die Zeit gekommen, da sie, ungeboten,
zu keiner Frist, wie eine von den Toten
den drohend offenen Palast betrat,
um gleich, gelegt auf ihre Kammerfrauen,
am Ende ihres Weges *Den* zu schauen,
an dem man stirbt, wenn man ihm naht.

Er glänzte so, daß sie die Kronrubine
aufflammen fühlte, die sie an sich trug;
sie füllte sich ganz rasch mit seiner Miene
wie ein Gefäß und war schon voll genug

und floß schon über von des Königs Macht,
bevor sie noch den dritten Saal durchschritt,
der sie mit seiner Wände Malachit
grün überlief. Sie hatte nicht gedacht,

so langen Gang zu tun mit allen Steinen,
die schwerer wurden von des Königs Scheinen
und kalt von ihrer Angst. Sie ging und ging –

Und als sie endlich, fast von nahe, ihn,
aufruhend auf dem Thron von Turmalin,
sich türmen sah, so wirklich wie ein Ding:

empfing die rechte von den Dienerinnen
die Schwindende und hielt sie zu dem Sitze.
Er rührte sie mit seines Szepters Spitze:
...und sie begriff es ohne Sinne, innen.

## WINTERLICHE STANZEN

Nun sollen wir versagte Tage lange
ertragen in des Widerstandes Rinde;
uns immer wehrend, nimmer an der Wange
das Tiefe fühlend aufgetaner Winde.
Die Nacht ist stark, doch von so fernem Gange,
die schwache Lampe überredet linde.
Laß dichs getrösten: Frost und Harsch bereiten
die Spannung künftiger Empfänglichkeiten.

Hast du denn ganz die Rosen ausempfunden
vergangnen Sommers? Fühle, überlege:
das Ausgeruhte reiner Morgenstunden,
den leichten Gang in spinnverwebte Wege?
Stürz in dich nieder, rüttele, errege
die liebe Lust: sie ist in dich verschwunden.
Und wenn du eins gewahrst, das dir entgangen,
sei froh, es ganz von vorne anzufangen.

Vielleicht ein Glanz von Tauben, welche kreisten,
ein Vogelanklang, halb wie ein Verdacht,
ein Blumenblick (man übersieht die meisten),
ein duftendes Vermuten vor der Nacht.
Natur ist göttlich voll; wer kann sie leisten,
wenn ihn ein Gott nicht so natürlich macht.
Denn wer sie innen, wie sie drängt, empfände,
verhielte sich, erfüllt, in seine Hände.

Verhielte sich wie Übermaß und Menge
und hoffte nicht noch Neues zu empfangen,
verhielte sich wie Übermaß und Menge
und meinte nicht, es sei ihm was entgangen,
verhielte sich wie Übermaß und Menge
mit maßlos übertroffenem Verlangen
und staunte nur noch, daß er dies ertrüge:
die schwankende, gewaltige Genüge.

## DER PANTHER

*Im Jardin des Plantes, Paris*

SEIN Blick ist vom Vorübergehn der Stäbe
so müd geworden, daß er nichts mehr hält.
Ihm ist, als ob es tausend Stäbe gäbe
und hinter tausend Stäben keine Welt.

Der weiche Gang geschmeidig starker Schritte,
der sich im allerkleinsten Kreise dreht,
ist wie ein Tanz von Kraft um eine Mitte,
in der betäubt ein großer Wille steht.

Nur manchmal schiebt der Vorhang der Pupille
sich lautlos auf –. Dann geht ein Bild hinein,
geht durch der Glieder angespannte Stille –
und hört im Herzen auf zu sein.

## DAS FÜLLHORN

*Geschrieben für Hugo von Hofmannsthal*

SCHWUNG und Form des gebendsten Gefäßes,
an der Göttin Schulter angelehnt;
unsrer Fassung immer ungemäßes,
doch von unsrem Sehnen ausgedehnt –:

in der Tiefe seiner Windung faßt es
aller Reife die Gestalt und Wucht,
und das Herz des allerreinsten Gastes
wäre Form dem Ausguß solcher Frucht.

Obenauf der Blüten leichte Schenkung,
noch von ihrer ersten Frühe kühl,
alle kaum beweisbar, wie Erdenkung,
und vorhanden, wie Gefühl...

Soll die Göttin ihren Vorrat schütten
auf die Herzen, die er überfüllt,
auf die vielen Häuser, auf die Hütten,
auf die Wege, wo das Wandern gült?

Nein, sie steht in Überlebensgröße
hoch, mit ihrem Horn voll Übermaß.
Nur das Wasser unten geht, als flöße
es ihr Geben in Gewächs und Gras.

## AUSGESETZT AUF DEN BERGEN DES HERZENS

Ausgesetzt auf den Bergen des Herzens. Siehe, wie klein dort,
siehe: die letzte Ortschaft der Worte, und höher,
aber wie klein auch, noch ein letztes
Gehöft von Gefühl. Erkennst du's?
Ausgesetzt auf den Bergen des Herzens. Steingrund
unter den Händen. Hier blüht wohl
einiges auf; aus stummem Absturz
blüht ein unwissendes Kraut singend hervor.
Aber der Wissende? Ach, der zu wissen begann
und schweigt nun, ausgesetzt auf den Bergen des Herzens.
Da geht wohl, heilen Bewußtseins,
manches umher, manches gesicherte Bergtier,
wechselt und weilt. Und der große geborgene Vogel
kreist um der Gipfel reine Verweigerung. – Aber
ungeborgen, hier auf den Bergen des Herzens...

## GEGEN-STROPHEN

Oh, daß ihr hier, Frauen, einhergeht,
hier unter uns, leidvoll,
nicht geschonter als wir und dennoch imstande,
selig zu machen wie Selige.

Woher,
wenn der Geliebte erscheint,
nehmt ihr die Zukunft?
Mehr, als je sein wird.
Wer die Entfernungen weiß
bis zum äußersten Fixstern,
staunt, wenn er diesen gewahrt,
euern herrlichen Herzraum.
Wie, im Gedräng, spart ihr ihn aus?
Ihr, voll Quellen und Nacht.

Seid ihr wirklich die gleichen,
die, da ihr Kind wart,
unwirsch im Schulgang
anstieß der ältere Bruder?
Ihr Heilen.

Wo wir als Kinder uns schon
häßlich für immer verzerrn,
wart ihr wie Brot vor der Wandlung.

Abbruch der Kindheit
war euch nicht Schaden. Auf einmal
standet ihr da, wie im Gott
plötzlich zum Wunder ergänzt.

Wir, wie gebrochen vom Berg,
oft schon als Knaben scharf
an den Rändern, vielleicht
manchmal glücklich behaun;
wir, wie Stücke Gesteins,
über Blumen gestürzt.

Blumen des tieferen Erdreichs,
von allen Wurzeln geliebte,
ihr, der Eurydike Schwestern,
immer voll heiliger Umkehr
hinter dem steigenden Mann.

Wir, von uns selber gekränkt,
Kränkende gern und gern
Wiedergekränkte aus Not.
Wir, wie Waffen, dem Zorn
neben den Schlaf gelegt.

Ihr, die ihr beinah Schutz seid, wo niemand
schützt. Wie ein schattiger Schlafbaum
ist der Gedanke an euch
für die Schwärme des Einsamen.

## ES WINKT ZU FÜHLUNG FAST AUS ALLEN DINGEN

Es winkt zu Fühlung fast aus allen Dingen,
aus jeder Wendung weht es her: Gedenk!
Ein Tag, an dem wir fremd vorübergingen,
entschließt im künftigen sich zum Geschenk.

Wer rechnet unseren Ertrag? Wer trennt
uns von den alten, den vergangnen Jahren?
Was haben wir seit Anbeginn erfahren,
als daß sich eins im anderen erkennt?

Als daß an uns Gleichgültiges erwarmt?
O Haus, o Wiesenhang, o Abendlicht,
auf einmal bringst du's beinah zum Gesicht
und stehst an uns, umarmend und umarmt.

Durch alle Wesen reicht der *eine* Raum:
Weltinnenraum. Die Vögel fliegen still
durch uns hindurch. O, der ich wachsen will,
ich seh hinaus, und *in* mir wächst der Baum.

Ich sorge mich, und in mir steht das Haus.
Ich hüte mich, und in mir ist die Hut.
Geliebter, der ich wurde: an mir ruht
der schönen Schöpfung Bild und weint sich aus.

## ÜBERSCHRIFTEN UND ANFÄNGE DER GEDICHTE

47. Auflage 2023  Ausgewählt von Katharina Kippenberg.  Gedruckt auf holzfreies, alterungsbeständiges Werkdruckpapier der Firma LENK Paper Schleipen GmbH, Bad Dürkheim, von der Memminger MedienCentrum AG, Memmingen. Gebunden in Fadenheftung von der Josef Spinner Großbuchbinderei GmbH, Ottersweier. Dieses Buch wurde klimaneutral produziert: climatepartner.com/14438-2110-1001. Printed in Germany. Erste Auflage 1946. ISBN 978-3-458-08400-6. www.insel-verlag.de